Day: _____ Date: _____ Time: _____

Inspirational thoughts to guide my day: _____
_____
_____

Today I am grateful for: _____
_____
_____

I offer this day in prayer to: _____
_____
_____

Today's prayer: _____
_____
_____
_____

Someone whose acts or kind words brightened my day:
_____
_____

My kind deed for today: _____
_____
_____
_____

How I hope to remember this day: _____
_____
_____
_____

How I hope to make tomorrow better: _____
_____
_____
_____

Additional prayers and devotions:

Day: _____ Date: _____ Time: _____

Inspirational thoughts to guide my day: _____
_____
_____
_____

Today I am grateful for: _____
_____
_____

I offer this day in prayer to: _____
_____
_____

Today's prayer: _____
_____
_____
_____

Someone whose acts or kind words brightened my day:
_____
_____

My kind deed for today: _____
_____
_____
_____

How I hope to remember this day: _____
_____
_____
_____

How I hope to make tomorrow better: _____
_____
_____
_____

Additional Prayers and Devotions:

Day: _____ Date: _____ Time: _____

Inspirational thoughts to guide my day: _____
_____
_____

Today I am grateful for: _____
_____
_____

I offer this day in prayer to: _____
_____
_____

Today's prayer: _____
_____
_____
_____

Someone whose acts or kind words brightened my day:
_____
_____

My kind deed for today: _____
_____
_____
_____

How I hope to remember this day: _____
_____
_____
_____

How I hope to make tomorrow better: _____
_____
_____
_____

Additional prayers and devotions:

Day: _____ Date: _____ Time: _____

Inspirational thoughts to guide my day: _____
_____
_____
_____

Today I am grateful for: _____
_____
_____

I offer this day in prayer to: _____
_____
_____

Today's prayer: _____
_____
_____
_____

Someone whose acts or kind words brightened my day: _____
_____
_____

My kind deed for today: _____
_____
_____
_____

How I hope to remember this day: _____
_____
_____
_____

How I hope to make tomorrow better: _____
_____
_____
_____

Additional prayers and devotions:

Day: _____ Date: _____ Time: _____

Inspirational thoughts to guide my day: _____
_____
_____
_____

Today I am grateful for: _____
_____
_____

I offer this day in prayer to: _____
_____
_____

Today's prayer: _____
_____
_____
_____

Someone whose acts or kind words brightened my day: _____
_____
_____

My kind deed for today: _____
_____
_____
_____

How I hope to remember this day: _____
_____
_____
_____

How I hope to make tomorrow better: _____
_____
_____
_____

Additional Prayers and Devotions:

Day: _____ Date: _____ Time: _____

Inspirational thoughts to guide my day: _____
_____
_____
_____

Today I am grateful for: _____
_____
_____

I offer this day in prayer to: _____
_____
_____

Today's prayer: _____
_____
_____
_____

Someone whose acts or kind words brightened my day:
_____
_____

My kind deed for today: _____
_____
_____
_____

How I hope to remember this day: _____
_____
_____
_____

How I hope to make tomorrow better: _____
_____
_____
_____

Additional Prayers and Devotions:

DAY: _____ DATE: _____ TIME: _____

INSPIRATIONAL THOUGHTS TO GUIDE MY DAY: _____
_____
_____
_____

TODAY I AM GRATEFUL FOR: _____
_____
_____

I OFFER THIS DAY IN PRAYER TO: _____
_____
_____

TODAY'S PRAYER: _____
_____
_____
_____

SOMEONE WHOSE ACTS OR KIND WORDS BRIGHTENED MY DAY:
_____
_____

MY KIND DEED FOR TODAY: _____
_____
_____
_____

HOW I HOPE TO REMEMBER THIS DAY: _____
_____
_____
_____

HOW I HOPE TO MAKE TOMORROW BETTER: _____
_____
_____
_____

Additional Prayers and Devotions:

Day: _____ Date: _____ Time: _____

Inspirational thoughts to guide my day: _____
_____
_____
_____

Today I am grateful for: _____
_____
_____

I offer this day in prayer to: _____
_____
_____

Today's prayer: _____
_____
_____
_____

Someone whose acts or kind words brightened my day:
_____
_____

My kind deed for today: _____
_____
_____
_____

How I hope to remember this day: _____
_____
_____
_____

How I hope to make tomorrow better: _____
_____
_____
_____

Additional prayers and devotions:

Day: _____   Date: _____   Time: _____

Inspirational thoughts to guide my day: _____
_____
_____
_____

Today I am grateful for: _____
_____
_____

I offer this day in prayer to: _____
_____
_____

Today's prayer: _____
_____
_____
_____

Someone whose acts or kind words brightened my day:
_____
_____

My kind deed for today: _____
_____
_____
_____

How I hope to remember this day: _____
_____
_____
_____

How I hope to make tomorrow better: _____
_____
_____
_____

Additional prayers and devotions:

DAY: _____ DATE: _____ TIME: _____

INSPIRATIONAL THOUGHTS TO GUIDE MY DAY: _____
_____
_____
_____

TODAY I AM GRATEFUL FOR: _____
_____
_____

I OFFER THIS DAY IN PRAYER TO: _____
_____
_____

TODAY'S PRAYER: _____
_____
_____
_____

SOMEONE WHOSE ACTS OR KIND WORDS BRIGHTENED MY DAY:
_____
_____

MY KIND DEED FOR TODAY: _____
_____
_____
_____

HOW I HOPE TO REMEMBER THIS DAY: _____
_____
_____
_____

HOW I HOPE TO MAKE TOMORROW BETTER: _____
_____
_____
_____

Additional prayers and devotions:

DAY: _____ DATE: _____ TIME: _____

INSPIRATIONAL THOUGHTS TO GUIDE MY DAY: _____
_____
_____
_____

TODAY I AM GRATEFUL FOR: _____
_____
_____

I OFFER THIS DAY IN PRAYER TO: _____
_____
_____

TODAY'S PRAYER: _____
_____
_____
_____

SOMEONE WHOSE ACTS OR KIND WORDS BRIGHTENED MY DAY:
_____
_____

MY KIND DEED FOR TODAY: _____
_____
_____
_____

HOW I HOPE TO REMEMBER THIS DAY: _____
_____
_____
_____

HOW I HOPE TO MAKE TOMORROW BETTER: _____
_____
_____
_____

ADDITIONAL PRAYERS AND DEVOTIONS:

Day: _____ Date: _____ Time: _____

Inspirational thoughts to guide my day: _____
_____
_____
_____

Today I am grateful for: _____
_____
_____

I offer this day in prayer to: _____
_____
_____

Today's prayer: _____
_____
_____
_____

Someone whose acts or kind words brightened my day:
_____
_____

My kind deed for today: _____
_____
_____
_____

How I hope to remember this day: _____
_____
_____

How I hope to make tomorrow better: _____
_____
_____
_____

Additional prayers and devotions:

DAY: _____ DATE: _____ TIME: _____

INSPIRATIONAL THOUGHTS TO GUIDE MY DAY: _____
_____
_____
_____

TODAY I AM GRATEFUL FOR: _____
_____
_____

I OFFER THIS DAY IN PRAYER TO: _____
_____
_____

TODAY'S PRAYER: _____
_____
_____
_____

SOMEONE WHOSE ACTS OR KIND WORDS BRIGHTENED MY DAY:
_____
_____

MY KIND DEED FOR TODAY: _____
_____
_____
_____

HOW I HOPE TO REMEMBER THIS DAY: _____
_____
_____
_____

HOW I HOPE TO MAKE TOMORROW BETTER: _____
_____
_____
_____

Additional prayers and devotions:

DAY: _____ DATE: _____ TIME: _____

INSPIRATIONAL THOUGHTS TO GUIDE MY DAY: _____
_____
_____
_____

TODAY I AM GRATEFUL FOR: _____
_____
_____

I OFFER THIS DAY IN PRAYER TO: _____
_____
_____

TODAY'S PRAYER: _____
_____
_____
_____

SOMEONE WHOSE ACTS OR KIND WORDS BRIGHTENED MY DAY:
_____
_____

MY KIND DEED FOR TODAY: _____
_____
_____
_____

HOW I HOPE TO REMEMBER THIS DAY: _____
_____
_____
_____

HOW I HOPE TO MAKE TOMORROW BETTER: _____
_____
_____
_____

Additional prayers and devotions:

Day: _____ Date: _____ Time: _____

Inspirational thoughts to guide my day: _____
_____
_____
_____

Today I am grateful for: _____
_____
_____

I offer this day in prayer to: _____
_____
_____

Today's prayer: _____
_____
_____
_____

Someone whose acts or kind words brightened my day:
_____
_____

My kind deed for today: _____
_____
_____
_____

How I hope to remember this day: _____
_____
_____
_____

How I hope to make tomorrow better: _____
_____
_____
_____
_____

Additional prayers and devotions:

DAY: _____ DATE: _____ TIME: _____

INSPIRATIONAL THOUGHTS TO GUIDE MY DAY: _____
_____
_____
_____

TODAY I AM GRATEFUL FOR: _____
_____
_____

I OFFER THIS DAY IN PRAYER TO: _____
_____
_____

TODAY'S PRAYER: _____
_____
_____
_____

SOMEONE WHOSE ACTS OR KIND WORDS BRIGHTENED MY DAY:
_____
_____

MY KIND DEED FOR TODAY: _____
_____
_____
_____

HOW I HOPE TO REMEMBER THIS DAY: _____
_____
_____
_____

HOW I HOPE TO MAKE TOMORROW BETTER: _____
_____
_____
_____

Additional prayers and devotions:

DAY: _____   DATE: _____   TIME: _____

INSPIRATIONAL THOUGHTS TO GUIDE MY DAY: _____
_____
_____
_____

TODAY I AM GRATEFUL FOR: _____
_____
_____

I OFFER THIS DAY IN PRAYER TO: _____
_____
_____

TODAY'S PRAYER: _____
_____
_____
_____

SOMEONE WHOSE ACTS OR KIND WORDS BRIGHTENED MY DAY:
_____
_____

MY KIND DEED FOR TODAY: _____
_____
_____
_____

HOW I HOPE TO REMEMBER THIS DAY: _____
_____
_____
_____

HOW I HOPE TO MAKE TOMORROW BETTER: _____
_____
_____
_____

Additional prayers and devotions:

DAY: _____   DATE: _____   TIME: _____

INSPIRATIONAL THOUGHTS TO GUIDE MY DAY: _____
_____
_____
_____

TODAY I AM GRATEFUL FOR: _____
_____
_____

I OFFER THIS DAY IN PRAYER TO: _____
_____
_____

TODAY'S PRAYER: _____
_____
_____
_____

SOMEONE WHOSE ACTS OR KIND WORDS BRIGHTENED MY DAY:
_____
_____

MY KIND DEED FOR TODAY: _____
_____
_____
_____

HOW I HOPE TO REMEMBER THIS DAY: _____
_____
_____
_____

HOW I HOPE TO MAKE TOMORROW BETTER: _____
_____
_____
_____

Additional prayers and devotions:

DAY: _____ DATE: _____ TIME: _____

INSPIRATIONAL THOUGHTS TO GUIDE MY DAY: _____
_____
_____
_____

TODAY I AM GRATEFUL FOR: _____
_____
_____

I OFFER THIS DAY IN PRAYER TO: _____
_____
_____

TODAY'S PRAYER: _____
_____
_____
_____

SOMEONE WHOSE ACTS OR KIND WORDS BRIGHTENED MY DAY:
_____
_____

MY KIND DEED FOR TODAY: _____
_____
_____
_____

HOW I HOPE TO REMEMBER THIS DAY: _____
_____
_____
_____

HOW I HOPE TO MAKE TOMORROW BETTER: _____
_____
_____
_____

Additional prayers and devotions:

Day: _____ Date: _____ Time: _____

Inspirational thoughts to guide my day: _____
_____
_____
_____

Today I am grateful for: _____
_____
_____

I offer this day in prayer to: _____
_____
_____

Today's prayer: _____
_____
_____
_____

Someone whose acts or kind words brightened my day:
_____
_____

My kind deed for today: _____
_____
_____
_____

How I hope to remember this day: _____
_____
_____
_____

How I hope to make tomorrow better: _____
_____
_____
_____

Additional prayers and devotions:

DAY: _____ DATE: _____ TIME: _____

INSPIRATIONAL THOUGHTS TO GUIDE MY DAY: _____
_____
_____

TODAY I AM GRATEFUL FOR: _____
_____
_____

I OFFER THIS DAY IN PRAYER TO: _____
_____
_____

TODAY'S PRAYER: _____
_____
_____
_____

SOMEONE WHOSE ACTS OR KIND WORDS BRIGHTENED MY DAY:
_____
_____

MY KIND DEED FOR TODAY: _____
_____
_____
_____

HOW I HOPE TO REMEMBER THIS DAY: _____
_____
_____
_____

HOW I HOPE TO MAKE TOMORROW BETTER: _____
_____
_____
_____

Additional prayers and devotions:

DAY: _____ DATE: _____ TIME: _____

INSPIRATIONAL THOUGHTS TO GUIDE MY DAY: _____
_____
_____
_____

TODAY I AM GRATEFUL FOR: _____
_____

I OFFER THIS DAY IN PRAYER TO: _____
_____
_____

TODAY'S PRAYER: _____
_____
_____
_____

SOMEONE WHOSE ACTS OR KIND WORDS BRIGHTENED MY DAY:
_____
_____

MY KIND DEED FOR TODAY: _____
_____
_____
_____

HOW I HOPE TO REMEMBER THIS DAY: _____
_____
_____
_____

HOW I HOPE TO MAKE TOMORROW BETTER: _____
_____
_____
_____

Additional prayers and devotions:

Day: _____ Date: _____ Time: _____

Inspirational thoughts to guide my day: _____
_____
_____

Today I am grateful for: _____
_____

I offer this day in prayer to: _____
_____

Today's prayer: _____
_____
_____

Someone whose acts or kind words brightened my day:
_____

My kind deed for today: _____
_____
_____

How I hope to remember this day: _____
_____
_____

How I hope to make tomorrow better: _____
_____
_____

Additional prayers and devotions:

DAY: _____ DATE: _____ TIME: _____

INSPIRATIONAL THOUGHTS TO GUIDE MY DAY: _____
_____
_____

TODAY I AM GRATEFUL FOR: _____
_____
_____

I OFFER THIS DAY IN PRAYER TO: _____
_____
_____

TODAY'S PRAYER: _____
_____
_____
_____

SOMEONE WHOSE ACTS OR KIND WORDS BRIGHTENED MY DAY:
_____
_____

MY KIND DEED FOR TODAY: _____
_____
_____
_____

HOW I HOPE TO REMEMBER THIS DAY: _____
_____
_____

HOW I HOPE TO MAKE TOMORROW BETTER: _____
_____
_____
_____

Additional prayers and devotions:

Day: _____ Date: _____ Time: _____

Inspirational thoughts to guide my day: _____
_____
_____
_____

Today I am grateful for: _____
_____
_____

I offer this day in prayer to: _____
_____
_____

Today's prayer: _____
_____
_____
_____

Someone whose acts or kind words brightened my day:
_____
_____

My kind deed for today: _____
_____
_____
_____

How I hope to remember this day: _____
_____
_____
_____

How I hope to make tomorrow better: _____
_____
_____
_____

Additional prayers and devotions:

Day: _____ Date: _____ Time: _____

Inspirational thoughts to guide my day: _____
_____
_____
_____

Today I am grateful for: _____
_____
_____

I offer this day in prayer to: _____
_____
_____

Today's prayer: _____
_____
_____
_____

Someone whose acts or kind words brightened my day:
_____
_____

My kind deed for today: _____
_____
_____
_____

How I hope to remember this day: _____
_____
_____
_____

How I hope to make tomorrow better: _____
_____
_____
_____

Additional Prayers and Devotions:

DAY: _____ DATE: _____ TIME: _____

INSPIRATIONAL THOUGHTS TO GUIDE MY DAY: _____
_____
_____
_____

TODAY I AM GRATEFUL FOR: _____
_____
_____

I OFFER THIS DAY IN PRAYER TO: _____
_____
_____

TODAY'S PRAYER: _____
_____
_____
_____

SOMEONE WHOSE ACTS OR KIND WORDS BRIGHTENED MY DAY:
_____
_____

MY KIND DEED FOR TODAY: _____
_____
_____
_____

HOW I HOPE TO REMEMBER THIS DAY: _____
_____
_____
_____

HOW I HOPE TO MAKE TOMORROW BETTER: _____
_____
_____
_____

Additional prayers and devotions:

Day: _____ Date: _____ Time: _____

Inspirational thoughts to guide my day: _____
_____
_____
_____

Today I am grateful for: _____
_____
_____

I offer this day in prayer to: _____
_____
_____

Today's prayer: _____
_____
_____
_____

Someone whose acts or kind words brightened my day:
_____
_____

My kind deed for today: _____
_____
_____
_____

How I hope to remember this day: _____
_____
_____
_____

How I hope to make tomorrow better: _____
_____
_____
_____

Additional prayers and devotions:

Day: _____ Date: _____ Time: _____

Inspirational thoughts to guide my day: _____
_____
_____
_____

Today I am grateful for: _____
_____
_____

I offer this day in prayer to: _____
_____
_____

Today's prayer: _____
_____
_____
_____

Someone whose acts or kind words brightened my day: _____
_____
_____

My kind deed for today: _____
_____
_____
_____

How I hope to remember this day: _____
_____
_____
_____

How I hope to make tomorrow better: _____
_____
_____
_____

Additional prayers and devotions:

Day: _____ Date: _____ Time: _____

Inspirational thoughts to guide my day: _____
_____
_____
_____

Today I am grateful for: _____
_____
_____

I offer this day in prayer to: _____
_____
_____

Today's prayer: _____
_____
_____
_____

Someone whose acts or kind words brightened my day:
_____
_____

My kind deed for today: _____
_____
_____
_____

How I hope to remember this day: _____
_____
_____
_____

How I hope to make tomorrow better: _____
_____
_____
_____

Additional prayers and devotions:

Day: _____ Date: _____ Time: _____

Inspirational thoughts to guide my day: _____
_____
_____

Today I am grateful for: _____
_____

I offer this day in prayer to: _____
_____

Today's prayer: _____
_____
_____

Someone whose acts or kind words brightened my day: _____
_____

My kind deed for today: _____
_____
_____

How I hope to remember this day: _____
_____
_____

How I hope to make tomorrow better: _____
_____
_____

Additional prayers and devotions:

Day: _____ Date: _____ Time: _____

Inspirational thoughts to guide my day: _____
_____
_____
_____

Today I am grateful for: _____
_____
_____

I offer this day in prayer to: _____
_____
_____

Today's prayer: _____
_____
_____
_____

Someone whose acts or kind words brightened my day:
_____
_____

My kind deed for today: _____
_____
_____
_____

How I hope to remember this day: _____
_____
_____
_____

How I hope to make tomorrow better: _____
_____
_____
_____

Additional prayers and devotions:

DAY: _____ DATE: _____ TIME: _____

INSPIRATIONAL THOUGHTS TO GUIDE MY DAY: _____
_____
_____

TODAY I AM GRATEFUL FOR: _____
_____
_____

I OFFER THIS DAY IN PRAYER TO: _____
_____
_____

TODAY'S PRAYER: _____
_____
_____
_____

SOMEONE WHOSE ACTS OR KIND WORDS BRIGHTENED MY DAY:
_____
_____

MY KIND DEED FOR TODAY: _____
_____
_____
_____

HOW I HOPE TO REMEMBER THIS DAY: _____
_____
_____
_____

HOW I HOPE TO MAKE TOMORROW BETTER: _____
_____
_____
_____

Additional prayers and devotions:

DAY: _____ DATE: _____ TIME: _____

INSPIRATIONAL THOUGHTS TO GUIDE MY DAY: _____
_____
_____
_____

TODAY I AM GRATEFUL FOR: _____
_____
_____

I OFFER THIS DAY IN PRAYER TO: _____
_____
_____

TODAY'S PRAYER: _____
_____
_____
_____

SOMEONE WHOSE ACTS OR KIND WORDS BRIGHTENED MY DAY:
_____
_____

MY KIND DEED FOR TODAY: _____
_____
_____
_____

HOW I HOPE TO REMEMBER THIS DAY: _____
_____
_____
_____

HOW I HOPE TO MAKE TOMORROW BETTER: _____
_____
_____
_____

Additional Prayers and Devotions:

Day: _____ Date: _____ Time: _____

Inspirational thoughts to guide my day: _____
_____
_____

Today I am grateful for: _____
_____

I offer this day in prayer to: _____
_____
_____

Today's prayer: _____
_____
_____
_____

Someone whose acts or kind words brightened my day:
_____
_____

My kind deed for today: _____
_____
_____
_____

How I hope to remember this day: _____
_____
_____
_____

How I hope to make tomorrow better: _____
_____
_____
_____

Additional Prayers and Devotions:

DAY: _____ DATE: _____ TIME: _____

INSPIRATIONAL THOUGHTS TO GUIDE MY DAY: _____
_____
_____
_____

TODAY I AM GRATEFUL FOR: _____
_____
_____

I OFFER THIS DAY IN PRAYER TO: _____
_____
_____

TODAY'S PRAYER: _____
_____
_____
_____

SOMEONE WHOSE ACTS OR KIND WORDS BRIGHTENED MY DAY:
_____
_____

MY KIND DEED FOR TODAY: _____
_____
_____
_____

HOW I HOPE TO REMEMBER THIS DAY: _____
_____
_____
_____

HOW I HOPE TO MAKE TOMORROW BETTER: _____
_____
_____
_____

Additional prayers and devotions:

DAY: _____   DATE: _____   TIME: _____

INSPIRATIONAL THOUGHTS TO GUIDE MY DAY: _____
_____
_____
_____

TODAY I AM GRATEFUL FOR: _____
_____
_____

I OFFER THIS DAY IN PRAYER TO: _____
_____
_____

TODAY'S PRAYER: _____
_____
_____
_____

SOMEONE WHOSE ACTS OR KIND WORDS BRIGHTENED MY DAY:
_____
_____

MY KIND DEED FOR TODAY: _____
_____
_____
_____

HOW I HOPE TO REMEMBER THIS DAY: _____
_____
_____
_____

HOW I HOPE TO MAKE TOMORROW BETTER: _____
_____
_____
_____

Additional prayers and devotions:

Day: _____ Date: _____ Time: _____

Inspirational thoughts to guide my day: _____
_____
_____
_____

Today I am grateful for: _____
_____
_____

I offer this day in prayer to: _____
_____
_____

Today's prayer: _____
_____
_____
_____

Someone whose acts or kind words brightened my day: _____
_____
_____

My kind deed for today: _____
_____
_____
_____

How I hope to remember this day: _____
_____
_____
_____

How I hope to make tomorrow better: _____
_____
_____
_____

Additional Prayers and Devotions:

DAY: _____ DATE: _____ TIME: _____

INSPIRATIONAL THOUGHTS TO GUIDE MY DAY: _____
_____
_____
_____

TODAY I AM GRATEFUL FOR: _____
_____
_____

I OFFER THIS DAY IN PRAYER TO: _____
_____
_____

TODAY'S PRAYER: _____
_____
_____
_____

SOMEONE WHOSE ACTS OR KIND WORDS BRIGHTENED MY DAY:
_____
_____

MY KIND DEED FOR TODAY: _____
_____
_____
_____

HOW I HOPE TO REMEMBER THIS DAY: _____
_____
_____
_____

HOW I HOPE TO MAKE TOMORROW BETTER: _____
_____
_____
_____

Additional prayers and devotions:

Day: _____ Date: _____ Time: _____

Inspirational thoughts to guide my day: _____
_____
_____

Today I am grateful for: _____
_____

I offer this day in prayer to: _____
_____

Today's prayer: _____
_____
_____

Someone whose acts or kind words brightened my day: _____
_____

My kind deed for today: _____
_____
_____

How I hope to remember this day: _____
_____
_____

How I hope to make tomorrow better: _____
_____
_____

Additional prayers and devotions:

DAY: _____ DATE: _____ TIME: _____

INSPIRATIONAL THOUGHTS TO GUIDE MY DAY: _____
_____
_____
_____

TODAY I AM GRATEFUL FOR: _____
_____
_____

I OFFER THIS DAY IN PRAYER TO: _____
_____
_____

TODAY'S PRAYER: _____
_____
_____
_____

SOMEONE WHOSE ACTS OR KIND WORDS BRIGHTENED MY DAY:
_____
_____

MY KIND DEED FOR TODAY: _____
_____
_____
_____

HOW I HOPE TO REMEMBER THIS DAY: _____
_____
_____
_____

HOW I HOPE TO MAKE TOMORROW BETTER: _____
_____
_____
_____

Additional prayers and devotions:

Day: _____ Date: _____ Time: _____

Inspirational thoughts to guide my day: _____
_____
_____
_____

Today I am grateful for: _____
_____
_____

I offer this day in prayer to: _____
_____
_____

Today's prayer: _____
_____
_____
_____

Someone whose acts or kind words brightened my day:
_____
_____

My kind deed for today: _____
_____
_____
_____

How I hope to remember this day: _____
_____
_____
_____

How I hope to make tomorrow better: _____
_____
_____
_____

Additional prayers and devotions:

Day: _____ Date: _____ Time: _____

Inspirational thoughts to guide my day: _____
_____
_____

Today I am grateful for: _____
_____
_____

I offer this day in prayer to: _____
_____
_____

Today's prayer: _____
_____
_____
_____

Someone whose acts or kind words brightened my day: _____
_____
_____

My kind deed for today: _____
_____
_____
_____

How I hope to remember this day: _____
_____
_____
_____

How I hope to make tomorrow better: _____
_____
_____
_____

Additional prayers and devotions:

Day: _____   Date: _____   Time: _____

Inspirational thoughts to guide my day: _____
_____
_____
_____

Today I am grateful for: _____
_____
_____

I offer this day in prayer to: _____
_____
_____

Today's prayer: _____
_____
_____
_____

Someone whose acts or kind words brightened my day:
_____
_____

My kind deed for today: _____
_____
_____
_____

How I hope to remember this day: _____
_____
_____
_____

How I hope to make tomorrow better: _____
_____
_____
_____

Additional prayers and devotions:

Day: _____ Date: _____ Time: _____

Inspirational thoughts to guide my day: _____
_____
_____

Today I am grateful for: _____
_____

I offer this day in prayer to: _____
_____

Today's prayer: _____
_____
_____

Someone whose acts or kind words brightened my day: _____
_____

My kind deed for today: _____
_____
_____

How I hope to remember this day: _____
_____
_____

How I hope to make tomorrow better: _____
_____
_____

ADDITIONAL PRAYERS AND DEVOTIONS:

Day: _____ Date: _____ Time: _____

Inspirational thoughts to guide my day: _____
_____
_____
_____

Today I am grateful for: _____
_____
_____

I offer this day in prayer to: _____
_____
_____

Today's prayer: _____
_____
_____
_____

Someone whose acts or kind words brightened my day:
_____
_____

My kind deed for today: _____
_____
_____
_____

How I hope to remember this day: _____
_____
_____
_____

How I hope to make tomorrow better: _____
_____
_____
_____

Additional prayers and devotions:

Day: _____ Date: _____ Time: _____

Inspirational thoughts to guide my day: _____
_____
_____

Today I am grateful for: _____
_____
_____

I offer this day in prayer to: _____
_____
_____

Today's prayer: _____
_____
_____
_____

Someone whose acts or kind words brightened my day:
_____
_____

My kind deed for today: _____
_____
_____
_____

How I hope to remember this day: _____
_____
_____
_____

How I hope to make tomorrow better: _____
_____
_____
_____

Additional prayers and devotions:

DAY: _____ DATE: _____ TIME: _____

INSPIRATIONAL THOUGHTS TO GUIDE MY DAY: _____
_____
_____
_____

TODAY I AM GRATEFUL FOR: _____
_____
_____

I OFFER THIS DAY IN PRAYER TO: _____
_____
_____

TODAY'S PRAYER: _____
_____
_____
_____

SOMEONE WHOSE ACTS OR KIND WORDS BRIGHTENED MY DAY:
_____
_____

MY KIND DEED FOR TODAY: _____
_____
_____
_____

HOW I HOPE TO REMEMBER THIS DAY: _____
_____
_____
_____

HOW I HOPE TO MAKE TOMORROW BETTER: _____
_____
_____
_____

Additional Prayers and Devotions:

Day: _____ Date: _____ Time: _____

Inspirational thoughts to guide my day: _____
_____
_____

Today I am grateful for: _____
_____

I offer this day in prayer to: _____
_____

Today's prayer: _____
_____
_____

Someone whose acts or kind words brightened my day:
_____

My kind deed for today: _____
_____
_____

How I hope to remember this day: _____
_____
_____

How I hope to make tomorrow better: _____
_____
_____

Additional prayers and devotions:

Day: _____ Date: _____ Time: _____

Inspirational thoughts to guide my day: _____
_____
_____
_____

Today I am grateful for: _____
_____
_____

I offer this day in prayer to: _____
_____
_____

Today's prayer: _____
_____
_____
_____

Someone whose acts or kind words brightened my day:
_____
_____

My kind deed for today: _____
_____
_____
_____

How I hope to remember this day: _____
_____
_____
_____

How I hope to make tomorrow better: _____
_____
_____
_____

Additional prayers and devotions:

DAY: _____ DATE: _____ TIME: _____

INSPIRATIONAL THOUGHTS TO GUIDE MY DAY: _____
_____
_____
_____

TODAY I AM GRATEFUL FOR: _____
_____
_____

I OFFER THIS DAY IN PRAYER TO: _____
_____
_____

TODAY'S PRAYER: _____
_____
_____
_____

SOMEONE WHOSE ACTS OR KIND WORDS BRIGHTENED MY DAY:
_____
_____

MY KIND DEED FOR TODAY: _____
_____
_____
_____

HOW I HOPE TO REMEMBER THIS DAY: _____
_____
_____
_____

HOW I HOPE TO MAKE TOMORROW BETTER: _____
_____
_____
_____

Additional prayers and devotions:

Day: _____ Date: _____ Time: _____

Inspirational thoughts to guide my day: _____
_____
_____
_____

Today I am grateful for: _____
_____
_____

I offer this day in prayer to: _____
_____
_____

Today's prayer: _____
_____
_____
_____

Someone whose acts or kind words brightened my day: _____
_____
_____

My kind deed for today: _____
_____
_____
_____

How I hope to remember this day: _____
_____
_____
_____

How I hope to make tomorrow better: _____
_____
_____
_____

Additional prayers and devotions:

DAY: _____ DATE: _____ TIME: _____

INSPIRATIONAL THOUGHTS TO GUIDE MY DAY: _____
_____
_____
_____

TODAY I AM GRATEFUL FOR: _____
_____
_____

I OFFER THIS DAY IN PRAYER TO: _____
_____
_____

TODAY'S PRAYER: _____
_____
_____
_____

SOMEONE WHOSE ACTS OR KIND WORDS BRIGHTENED MY DAY:
_____
_____

MY KIND DEED FOR TODAY: _____
_____
_____
_____

HOW I HOPE TO REMEMBER THIS DAY: _____
_____
_____
_____

HOW I HOPE TO MAKE TOMORROW BETTER: _____
_____
_____
_____

Additional prayers and devotions:

Day: _____ Date: _____ Time: _____

Inspirational thoughts to guide my day: _____
_____
_____

Today I am grateful for: _____
_____
_____

I offer this day in prayer to: _____
_____
_____

Today's prayer: _____
_____
_____
_____

Someone whose acts or kind words brightened my day:
_____
_____

My kind deed for today: _____
_____
_____
_____

How I hope to remember this day: _____
_____
_____
_____

How I hope to make tomorrow better: _____
_____
_____
_____

Additional prayers and devotions:

Day: _____ Date: _____ Time: _____

Inspirational thoughts to guide my day: _____
_____
_____
_____

Today I am grateful for: _____
_____
_____

I offer this day in prayer to: _____
_____
_____

Today's prayer: _____
_____
_____
_____

Someone whose acts or kind words brightened my day:
_____
_____

My kind deed for today: _____
_____
_____
_____

How I hope to remember this day: _____
_____
_____
_____

How I hope to make tomorrow better: _____
_____
_____
_____

Additional Prayers and Devotions:

DAY: _____   DATE: _____   TIME: _____

INSPIRATIONAL THOUGHTS TO GUIDE MY DAY: _____
_____
_____
_____

TODAY I AM GRATEFUL FOR: _____
_____
_____

I OFFER THIS DAY IN PRAYER TO: _____
_____
_____

TODAY'S PRAYER: _____
_____
_____
_____

SOMEONE WHOSE ACTS OR KIND WORDS BRIGHTENED MY DAY:
_____
_____

MY KIND DEED FOR TODAY: _____
_____
_____
_____

HOW I HOPE TO REMEMBER THIS DAY: _____
_____
_____
_____

HOW I HOPE TO MAKE TOMORROW BETTER: _____
_____
_____
_____

Additional Prayers and Devotions:

Day: _____ Date: _____ Time: _____

Inspirational thoughts to guide my day: _____
_____
_____

Today I am grateful for: _____
_____
_____

I offer this day in prayer to: _____
_____
_____

Today's prayer: _____
_____
_____
_____

Someone whose acts or kind words brightened my day:
_____
_____

My kind deed for today: _____
_____
_____
_____

How I hope to remember this day: _____
_____
_____
_____

How I hope to make tomorrow better: _____
_____
_____
_____

Additional prayers and devotions:

Day: _____   Date: _____   Time: _____

Inspirational thoughts to guide my day: _____
_____
_____
_____

Today I am grateful for: _____
_____
_____

I offer this day in prayer to: _____
_____
_____

Today's prayer: _____
_____
_____
_____

Someone whose acts or kind words brightened my day: _____
_____
_____

My kind deed for today: _____
_____
_____
_____

How I hope to remember this day: _____
_____
_____
_____

How I hope to make tomorrow better: _____
_____
_____
_____

Additional prayers and devotions:

Day: _____ Date: _____ Time: _____

Inspirational thoughts to guide my day: _____
_____
_____

Today I am grateful for: _____
_____

I offer this day in prayer to: _____
_____

Today's prayer: _____
_____
_____

Someone whose acts or kind words brightened my day:
_____

My kind deed for today: _____
_____
_____

How I hope to remember this day: _____
_____
_____

How I hope to make tomorrow better: _____
_____
_____

Additional Prayers and Devotions:

DAY: _____   DATE: _____   TIME: _____

INSPIRATIONAL THOUGHTS TO GUIDE MY DAY: _____
_____
_____
_____

TODAY I AM GRATEFUL FOR: _____
_____
_____

I OFFER THIS DAY IN PRAYER TO: _____
_____
_____

TODAY'S PRAYER: _____
_____
_____
_____

SOMEONE WHOSE ACTS OR KIND WORDS BRIGHTENED MY DAY:
_____
_____

MY KIND DEED FOR TODAY: _____
_____
_____
_____

HOW I HOPE TO REMEMBER THIS DAY: _____
_____
_____
_____

HOW I HOPE TO MAKE TOMORROW BETTER: _____
_____
_____
_____

Additional prayers and devotions:

Day: _____ Date: _____ Time: _____

Inspirational thoughts to guide my day: _____
_____
_____
_____

Today I am grateful for: _____
_____
_____

I offer this day in prayer to: _____
_____
_____

Today's prayer: _____
_____
_____
_____

Someone whose acts or kind words brightened my day:
_____
_____

My kind deed for today: _____
_____
_____
_____

How I hope to remember this day: _____
_____
_____
_____

How I hope to make tomorrow better: _____
_____
_____
_____

Additional prayers and devotions:

DAY: _____ DATE: _____ TIME: _____

INSPIRATIONAL THOUGHTS TO GUIDE MY DAY: _____
_____
_____
_____

TODAY I AM GRATEFUL FOR: _____
_____
_____

I OFFER THIS DAY IN PRAYER TO: _____
_____
_____

TODAY'S PRAYER: _____
_____
_____
_____

SOMEONE WHOSE ACTS OR KIND WORDS BRIGHTENED MY DAY:
_____
_____

MY KIND DEED FOR TODAY: _____
_____
_____
_____

HOW I HOPE TO REMEMBER THIS DAY: _____
_____
_____
_____

HOW I HOPE TO MAKE TOMORROW BETTER: _____
_____
_____
_____

Additional prayers and devotions:

Day: _____ Date: _____ Time: _____

Inspirational thoughts to guide my day: _____
_____
_____
_____

Today I am grateful for: _____
_____
_____

I offer this day in prayer to: _____
_____
_____

Today's prayer: _____
_____
_____
_____

Someone whose acts or kind words brightened my day:
_____
_____

My kind deed for today: _____
_____
_____
_____

How I hope to remember this day: _____
_____
_____
_____

How I hope to make tomorrow better: _____
_____
_____
_____

Additional prayers and devotions:

Day: _____ Date: _____ Time: _____

Inspirational thoughts to guide my day: _____
_____
_____
_____

Today I am grateful for: _____
_____
_____

I offer this day in prayer to: _____
_____
_____

Today's prayer: _____
_____
_____
_____

Someone whose acts or kind words brightened my day:
_____
_____

My kind deed for today: _____
_____
_____
_____

How I hope to remember this day: _____
_____
_____
_____

How I hope to make tomorrow better: _____
_____
_____
_____

Additional Prayers and Devotions:

Day: _____ Date: _____ Time: _____

Inspirational thoughts to guide my day: _____
_____
_____

Today I am grateful for: _____
_____

I offer this day in prayer to: _____
_____

Today's prayer: _____
_____
_____

Someone whose acts or kind words brightened my day:
_____

My kind deed for today: _____
_____
_____

How I hope to remember this day: _____
_____
_____

How I hope to make tomorrow better: _____
_____
_____

Additional Prayers and Devotions:

Day: _____ Date: _____ Time: _____

Inspirational thoughts to guide my day: _____
_____
_____
_____

Today I am grateful for: _____
_____
_____

I offer this day in prayer to: _____
_____
_____

Today's prayer: _____
_____
_____
_____

Someone whose acts or kind words brightened my day:
_____
_____

My kind deed for today: _____
_____
_____
_____

How I hope to remember this day: _____
_____
_____
_____

How I hope to make tomorrow better: _____
_____
_____
_____

Additional prayers and devotions:

DAY: _____ DATE: _____ TIME: _____

INSPIRATIONAL THOUGHTS TO GUIDE MY DAY: _____
_____
_____
_____

TODAY I AM GRATEFUL FOR: _____
_____
_____

I OFFER THIS DAY IN PRAYER TO: _____
_____
_____

TODAY'S PRAYER: _____
_____
_____
_____

SOMEONE WHOSE ACTS OR KIND WORDS BRIGHTENED MY DAY:
_____
_____

MY KIND DEED FOR TODAY: _____
_____
_____
_____

HOW I HOPE TO REMEMBER THIS DAY: _____
_____
_____
_____

HOW I HOPE TO MAKE TOMORROW BETTER: _____
_____
_____
_____

Additional prayers and devotions:

DAY: _____ DATE: _____ TIME: _____

INSPIRATIONAL THOUGHTS TO GUIDE MY DAY: _____
_____
_____

TODAY I AM GRATEFUL FOR: _____
_____
_____

I OFFER THIS DAY IN PRAYER TO: _____
_____
_____

TODAY'S PRAYER: _____
_____
_____
_____

SOMEONE WHOSE ACTS OR KIND WORDS BRIGHTENED MY DAY:
_____
_____

MY KIND DEED FOR TODAY: _____
_____
_____
_____

HOW I HOPE TO REMEMBER THIS DAY: _____
_____
_____
_____

HOW I HOPE TO MAKE TOMORROW BETTER: _____
_____
_____
_____

Additional prayers and devotions:

DAY: _____ DATE: _____ TIME: _____

INSPIRATIONAL THOUGHTS TO GUIDE MY DAY: _____
_____
_____
_____

TODAY I AM GRATEFUL FOR: _____
_____
_____

I OFFER THIS DAY IN PRAYER TO: _____
_____
_____

TODAY'S PRAYER: _____
_____
_____
_____

SOMEONE WHOSE ACTS OR KIND WORDS BRIGHTENED MY DAY:
_____
_____

MY KIND DEED FOR TODAY: _____
_____
_____
_____

HOW I HOPE TO REMEMBER THIS DAY: _____
_____
_____
_____

HOW I HOPE TO MAKE TOMORROW BETTER: _____
_____
_____
_____

Additional prayers and devotions:

Day: _____ Date: _____ Time: _____

Inspirational thoughts to guide my day: _____
_____
_____
_____

Today I am grateful for: _____
_____
_____

I offer this day in prayer to: _____
_____
_____

Today's prayer: _____
_____
_____
_____

Someone whose acts or kind words brightened my day:
_____
_____

My kind deed for today: _____
_____
_____
_____

How I hope to remember this day: _____
_____
_____
_____

How I hope to make tomorrow better: _____
_____
_____
_____

Additional Prayers and Devotions:

Day: _____ Date: _____ Time: _____

Inspirational thoughts to guide my day: _____
_____
_____

Today I am grateful for: _____
_____
_____

I offer this day in prayer to: _____
_____
_____

Today's prayer: _____
_____
_____
_____

Someone whose acts or kind words brightened my day: _____
_____
_____

My kind deed for today: _____
_____
_____
_____

How I hope to remember this day: _____
_____
_____
_____

How I hope to make tomorrow better: _____
_____
_____
_____

Additional Prayers and Devotions:

Day: _____ Date: _____ Time: _____

Inspirational thoughts to guide my day: _____
_____
_____
_____

Today I am grateful for: _____
_____
_____

I offer this day in prayer to: _____
_____
_____

Today's prayer: _____
_____
_____
_____

Someone whose acts or kind words brightened my day:
_____
_____

My kind deed for today: _____
_____
_____
_____

How I hope to remember this day: _____
_____
_____
_____

How I hope to make tomorrow better: _____
_____
_____
_____

Additional prayers and devotions:

Day: _____ Date: _____ Time: _____

Inspirational thoughts to guide my day: _____
_____
_____
_____

Today I am grateful for: _____
_____
_____

I offer this day in prayer to: _____
_____
_____

Today's prayer: _____
_____
_____
_____

Someone whose acts or kind words brightened my day:
_____
_____

My kind deed for today: _____
_____
_____
_____

How I hope to remember this day: _____
_____
_____
_____

How I hope to make tomorrow better: _____
_____
_____
_____

Additional Prayers and Devotions:

Day: _____ Date: _____ Time: _____

Inspirational thoughts to guide my day: _____
_____
_____
_____

Today I am grateful for: _____
_____
_____

I offer this day in prayer to: _____
_____
_____

Today's prayer: _____
_____
_____
_____

Someone whose acts or kind words brightened my day:
_____
_____

My kind deed for today: _____
_____
_____
_____

How I hope to remember this day: _____
_____
_____
_____

How I hope to make tomorrow better: _____
_____
_____
_____

Additional prayers and devotions:

Day: _____   Date: _____   Time: _____

Inspirational thoughts to guide my day: _____
_____
_____
_____

Today I am grateful for: _____
_____
_____

I offer this day in prayer to: _____
_____
_____

Today's prayer: _____
_____
_____
_____

Someone whose acts or kind words brightened my day:
_____
_____

My kind deed for today: _____
_____
_____
_____

How I hope to remember this day: _____
_____
_____
_____

How I hope to make tomorrow better: _____
_____
_____
_____

Additional prayers and devotions:

Day: _____ Date: _____ Time: _____

Inspirational thoughts to guide my day: _____
_____
_____
_____

Today I am grateful for: _____
_____
_____

I offer this day in prayer to: _____
_____
_____

Today's prayer: _____
_____
_____
_____

Someone whose acts or kind words brightened my day:
_____
_____

My kind deed for today: _____
_____
_____
_____

How I hope to remember this day: _____
_____
_____
_____

How I hope to make tomorrow better: _____
_____
_____
_____

Additional prayers and devotions:

Day: _____ Date: _____ Time: _____

Inspirational thoughts to guide my day: _____
_____
_____
_____

Today I am grateful for: _____
_____
_____

I offer this day in prayer to: _____
_____
_____

Today's prayer: _____
_____
_____
_____

Someone whose acts or kind words brightened my day:
_____
_____

My kind deed for today: _____
_____
_____
_____

How I hope to remember this day: _____
_____
_____
_____

How I hope to make tomorrow better: _____
_____
_____
_____

Additional prayers and devotions:

Day: _____ Date: _____ Time: _____

Inspirational thoughts to guide my day: _____
_____
_____
_____

Today I am grateful for: _____
_____
_____

I offer this day in prayer to: _____
_____
_____

Today's prayer: _____
_____
_____
_____

Someone whose acts or kind words brightened my day:
_____
_____

My kind deed for today: _____
_____
_____
_____

How I hope to remember this day: _____
_____
_____
_____

How I hope to make tomorrow better: _____
_____
_____
_____

Additional prayers and devotions:

Day: _____ Date: _____ Time: _____

Inspirational thoughts to guide my day: _____
_____
_____
_____

Today I am grateful for: _____
_____
_____

I offer this day in prayer to: _____
_____
_____

Today's prayer: _____
_____
_____
_____

Someone whose acts or kind words brightened my day:
_____
_____

My kind deed for today: _____
_____
_____
_____

How I hope to remember this day: _____
_____
_____
_____

How I hope to make tomorrow better: _____
_____
_____
_____

Additional Prayers and Devotions:

Day: _____ Date: _____ Time: _____

Inspirational thoughts to guide my day: _____
_____
_____
_____

Today I am grateful for: _____
_____
_____

I offer this day in prayer to: _____
_____
_____

Today's prayer: _____
_____
_____
_____

Someone whose acts or kind words brightened my day:
_____
_____

My kind deed for today: _____
_____
_____
_____

How I hope to remember this day: _____
_____
_____
_____

How I hope to make tomorrow better: _____
_____
_____
_____

Additional prayers and devotions: